北

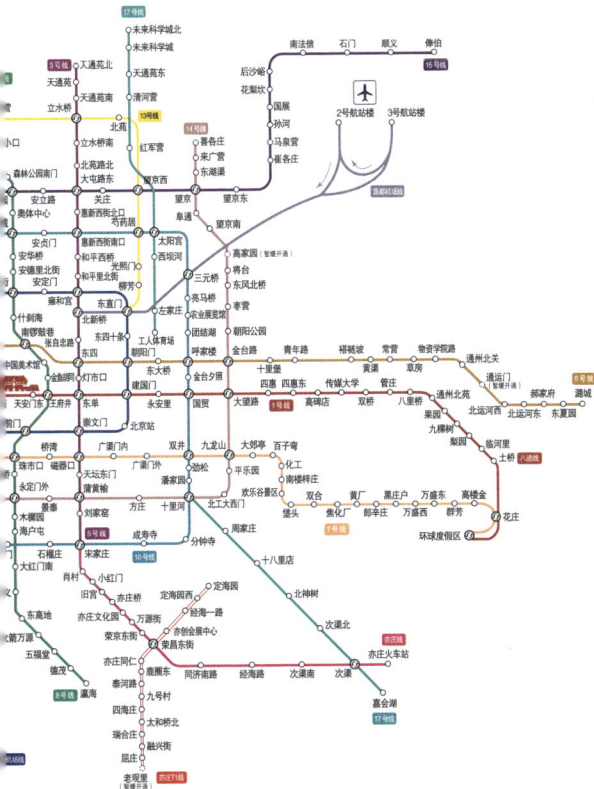

# 2025 乙巳（蛇）年

| 日 SUN | 一 MON | 二 TUE | 三 WED | 四 THU | 五 FRI | 六 SAT |
|---|---|---|---|---|---|---|

**1月**

| 日 SUN | 一 MON | 二 TUE | 三 WED | 四 THU | 五 FRI | 六 SAT |
|---|---|---|---|---|---|---|
| | | | 1 元旦 | 2 初三 | 3 初四 | 4 初五 |
| 5 小寒 | 6 初七 | 7 初八 | 8 初九 | 9 初十 | 10 十一 | 11 十二 |
| 12 十三 | 13 十四 | 14 十五 | 15 十六 | 16 十七 | 17 十八 | 18 十九 |
| 19 二十 | 20 大寒 | 21 廿二 | 22 廿三 | 23 廿四 | 24 廿五 | 25 廿六 |
| 26 廿七 | 27 廿八 | 28 廿九 | 29 春节 | 30 初二 | 31 初三 | |

**7月**

| 日 SUN | 一 MON | 二 TUE | 三 WED | 四 THU | 五 FRI | 六 SAT |
|---|---|---|---|---|---|---|
| | | 1 建党节 | 2 初七 | 3 初八 | 4 初九 | 5 初十 |
| 6 十一 | 7 小暑 | 8 十三 | 9 十四 | 10 十五 | 11 十六 | 12 十七 |
| 13 十八 | 14 十九 | 15 二十 | 16 廿一 | 17 廿二 | 18 廿三 | 19 廿四 |
| 20 廿五 | 21 廿六 | 22 大暑 | 23 廿八 | 24 廿九 | 25 闰六月 | 26 初二 |
| 27 初三 | 28 初四 | 29 初五 | 30 初六 | 31 初七 | | |

**2月**

| 日 SUN | 一 MON | 二 TUE | 三 WED | 四 THU | 五 FRI | 六 SAT |
|---|---|---|---|---|---|---|
| | | | | | | 1 初四 |
| 2 初五 | 3 立春 | 4 初七 | 5 初八 | 6 元宵节 | 7 初十 | 8 十一 |
| 9 十二 | 10 十三 | 11 十四 | 12 十五 | 13 十六 | 14 十七 | 15 十八 |
| 16 十九 | 17 二十 | 18 雨水 | 19 廿二 | 20 廿三 | 21 廿四 | 22 廿五 |
| 23 廿六 | 24 廿七 | 25 廿八 | 26 廿九 | 27 二月 | 28 初二 | |

**8月**

| 日 SUN | 一 MON | 二 TUE | 三 WED | 四 THU | 五 FRI | 六 SAT |
|---|---|---|---|---|---|---|
| | | | | | 1 建军节 | 2 初九 |
| 3 初十 | 4 十一 | 5 十二 | 6 十三 | 7 立秋 | 8 十五 | 9 十六 |
| 10 十七 | 11 十八 | 12 十九 | 13 二十 | 14 廿一 | 15 廿二 | 16 廿三 |
| 17 廿四 | 18 廿五 | 19 廿六 | 20 廿七 | 21 廿八 | 22 廿九 | 23 处暑 |
| 24 初二 | 25 初三 | 26 初四 | 27 初五 | 28 初六 | 29 初七 | 30 初八 |
| 31 初九 | | | | | | |

**3月**

| 日 SUN | 一 MON | 二 TUE | 三 WED | 四 THU | 五 FRI | 六 SAT |
|---|---|---|---|---|---|---|
| | | | | | | 1 初三 |
| 2 初四 | 3 初五 | 4 初六 | 5 惊蛰 | 6 初八 | 7 初九 | 8 妇女节 |
| 9 十一 | 10 十二 | 11 十三 | 12 植树节 | 13 十五 | 14 十六 | 15 十七 |
| 16 十八 | 17 十九 | 18 二十 | 19 廿一 | 20 春分 | 21 廿三 | 22 廿四 |
| 23 廿五 | 24 廿六 | 25 廿七 | 26 廿八 | 27 廿九 | 28 三十 | 29 三月 |
| 30 初二 | 31 初三 | | | | | |

**9月**

| 日 SUN | 一 MON | 二 TUE | 三 WED | 四 THU | 五 FRI | 六 SAT |
|---|---|---|---|---|---|---|
| | 1 初十 | 2 十一 | 3 十二 | 4 十三 | 5 十四 | 6 十五 |
| 7 白露 | 8 十七 | 9 十八 | 10 教师节 | 11 二十 | 12 廿一 | 13 廿二 |
| 14 廿三 | 15 廿四 | 16 廿五 | 17 廿六 | 18 廿七 | 19 廿八 | 20 廿九 |
| 21 三十 | 22 八月 | 23 秋分 | 24 初三 | 25 初四 | 26 初五 | 27 初六 |
| 28 初七 | 29 初八 | 30 初九 | | | | |

**4月**

| 日 SUN | 一 MON | 二 TUE | 三 WED | 四 THU | 五 FRI | 六 SAT |
|---|---|---|---|---|---|---|
| | | 1 初四 | 2 初五 | 3 初六 | 4 清明 | 5 初八 |
| 6 初九 | 7 初十 | 8 十一 | 9 十二 | 10 十三 | 11 十四 | 12 十五 |
| 13 十六 | 14 十七 | 15 十八 | 16 十九 | 17 二十 | 18 廿一 | 19 廿二 |
| 20 谷雨 | 21 廿四 | 22 廿五 | 23 廿六 | 24 廿七 | 25 廿八 | 26 廿九 |
| 27 四月 | 28 初二 | 29 初三 | 30 初四 | | | |

**10月**

| 日 SUN | 一 MON | 二 TUE | 三 WED | 四 THU | 五 FRI | 六 SAT |
|---|---|---|---|---|---|---|
| | | | 1 国庆节 | 2 十一 | 3 十二 | 4 十三 |
| 5 十四 | 6 中秋节 | 7 十六 | 8 寒露 | 9 十八 | 10 十九 | 11 二十 |
| 12 廿一 | 13 廿二 | 14 廿三 | 15 廿四 | 16 廿五 | 17 廿六 | 18 廿七 |
| 19 廿八 | 20 廿九 | 21 九月 | 22 初二 | 23 霜降 | 24 初四 | 25 初五 |
| 26 初六 | 27 初七 | 28 初八 | 29 重阳节 | 30 初十 | 31 十一 | |

**5月**

| 日 SUN | 一 MON | 二 TUE | 三 WED | 四 THU | 五 FRI | 六 SAT |
|---|---|---|---|---|---|---|
| | | | | 1 劳动节 | 2 初五 | 3 初六 |
| 4 青年节 | 5 立夏 | 6 初九 | 7 初十 | 8 十一 | 9 十二 | 10 十三 |
| 11 母亲节 | 12 十五 | 13 十六 | 14 十七 | 15 十八 | 16 十九 | 17 二十 |
| 18 廿一 | 19 廿二 | 20 廿三 | 21 小满 | 22 廿五 | 23 廿六 | 24 廿七 |
| 25 廿八 | 26 廿九 | 27 五月 | 28 初二 | 29 初三 | 30 初四 | 31 端午节 |

**11月**

| 日 SUN | 一 MON | 二 TUE | 三 WED | 四 THU | 五 FRI | 六 SAT |
|---|---|---|---|---|---|---|
| | | | | | | 1 十二 |
| 2 十三 | 3 十四 | 4 十五 | 5 十六 | 6 十七 | 7 立冬 | 8 十九 |
| 9 二十 | 10 廿一 | 11 廿二 | 12 廿三 | 13 廿四 | 14 廿五 | 15 廿六 |
| 16 廿七 | 17 廿八 | 18 廿九 | 19 三十 | 20 十月 | 21 初二 | 22 小雪 |
| 23 初四 | 24 初五 | 25 初六 | 26 初七 | 27 初八 | 28 初九 | 29 初十 |
| 30 十一 | | | | | | |

**6月**

| 日 SUN | 一 MON | 二 TUE | 三 WED | 四 THU | 五 FRI | 六 SAT |
|---|---|---|---|---|---|---|
| 1 儿童节 | 2 初七 | 3 初八 | 4 初九 | 5 芒种 | 6 十一 | 7 十二 |
| 8 十三 | 9 父亲节 | 10 十五 | 11 十六 | 12 十七 | 13 十八 | 14 十九 |
| 15 二十 | 16 廿一 | 17 廿二 | 18 廿三 | 19 廿四 | 20 廿五 | 21 夏至 |
| 22 廿七 | 23 廿八 | 24 廿九 | 25 六月 | 26 初二 | 27 初三 | 28 初四 |
| 29 初五 | 30 初六 | | | | | |

**12月**

| 日 SUN | 一 MON | 二 TUE | 三 WED | 四 THU | 五 FRI | 六 SAT |
|---|---|---|---|---|---|---|
| | 1 十二 | 2 十三 | 3 十四 | 4 十五 | 5 十六 | 6 十七 |
| 7 大雪 | 8 十九 | 9 二十 | 10 廿一 | 11 廿二 | 12 廿三 | 13 廿四 |
| 14 廿五 | 15 廿六 | 16 廿七 | 17 廿八 | 18 廿九 | 19 三十 | 20 十一月 |
| 21 初二 | 22 冬至 | 23 初四 | 24 初五 | 25 初六 | 26 初七 | 27 初八 |
| 28 初九 | 29 初十 | 30 十一 | 31 十二 | | | |

# 2025

# 效率手册

北京科学技术出版社　编

北京科学技术出版社

## 2025 效率手册

责任编辑：曾凡容
责任校对：贾　荣
装帧设计：美宸佳印
责任印制：吕　越
出 版 人：曾庆宇
出版发行：北京科学技术出版社
社　　址：北京西直门南大街 16 号
邮政编码：100035
电　　话：0086-10-66135495（总编室）
　　　　　0086-10-66113227（发行部）
网　　址：www.bkydw.cn
印　　刷：北京尚唐印刷包装有限公司
开　　本：787 mm×1092 mm　1/48
字　　数：100 千字
印　　张：3
版　　次：2024 年 10 月第 1 版
印　　次：2024 年 10 月第 1 次印刷
ISBN　978-7-5714-4260-6

定价：18.00 元

姓名＿＿＿＿＿＿＿＿＿＿血型＿＿＿＿＿＿＿＿＿

工作单位＿＿＿＿＿＿＿＿＿＿＿＿＿＿＿＿＿＿＿

电话＿＿＿＿＿＿＿＿＿＿邮政编码＿＿＿＿＿＿＿

家庭住址＿＿＿＿＿＿＿＿＿＿＿＿＿＿＿＿＿＿＿

电话＿＿＿＿＿＿＿＿＿＿邮政编码＿＿＿＿＿＿＿

手机＿＿＿＿＿＿＿＿＿＿＿＿＿＿＿＿＿＿＿＿＿

微信＿＿＿＿＿＿＿＿＿＿QQ＿＿＿＿＿＿＿＿＿＿

身份证号码＿＿＿＿＿＿＿＿＿＿＿＿＿＿＿＿＿＿

保险号码＿＿＿＿＿＿＿＿＿＿＿＿＿＿＿＿＿＿＿

驾驶执照＿＿＿＿＿＿＿＿＿＿＿＿＿＿＿＿＿＿＿

驾照年检日＿＿＿＿＿＿＿＿＿＿＿＿＿＿＿＿＿＿

车船使用费交纳日＿＿＿＿＿＿＿＿＿＿＿＿＿＿＿

车辆年检日＿＿＿＿＿＿＿＿＿＿＿＿＿＿＿＿＿＿

重要日期＿＿＿＿＿＿＿＿＿＿＿＿＿＿＿＿＿＿＿

亲朋好友生日＿＿＿＿＿＿＿＿＿＿＿＿＿＿＿＿＿

|  | 1 月 | 2 月 | 3 月 | 4 月 | 5 月 | 6 月 |
|---|---|---|---|---|---|---|
| 一 |  |  |  |  |  |  |
| 二 |  |  |  | 1 |  |  |
| 三 | 1 |  |  | 2 |  |  |
| 四 | 2 |  |  | 3 | 1 |  |
| 五 | 3 |  |  | 4 | 2 |  |
| 六 | 4 | 1 | 1 | 5 | 3 |  |
| 日 | 5 | 2 | 2 | 6 | 4 | 1 |
| 一 | 6 | 3 | 3 | 7 | 5 | 2 |
| 二 | 7 | 4 | 4 | 8 | 6 | 3 |
| 三 | 8 | 5 | 5 | 9 | 7 | 4 |
| 四 | 9 | 6 | 6 | 10 | 8 | 5 |
| 五 | 10 | 7 | 7 | 11 | 9 | 6 |
| 六 | 11 | 8 | 8 | 12 | 10 | 7 |
| 日 | 12 | 9 | 9 | 13 | 11 | 8 |
| 一 | 13 | 10 | 10 | 14 | 12 | 9 |
| 二 | 14 | 11 | 11 | 15 | 13 | 10 |
| 三 | 15 | 12 | 12 | 16 | 14 | 11 |
| 四 | 16 | 13 | 13 | 17 | 15 | 12 |
| 五 | 17 | 14 | 14 | 18 | 16 | 13 |
| 六 | 18 | 15 | 15 | 19 | 17 | 14 |
| 日 | 19 | 16 | 16 | 20 | 18 | 15 |
| 一 | 20 | 17 | 17 | 21 | 19 | 16 |
| 二 | 21 | 18 | 18 | 22 | 20 | 17 |
| 三 | 22 | 19 | 19 | 23 | 21 | 18 |
| 四 | 23 | 20 | 20 | 24 | 22 | 19 |
| 五 | 24 | 21 | 21 | 25 | 23 | 20 |
| 六 | 25 | 22 | 22 | 26 | 24 | 21 |
| 日 | 26 | 23 | 23 | 27 | 25 | 22 |
| 一 | 27 | 24 | 24 | 28 | 26 | 23 |
| 二 | 28 | 25 | 25 | 29 | 27 | 24 |
| 三 | 29 | 26 | 26 | 30 | 28 | 25 |
| 四 | 30 | 27 | 27 |  | 29 | 26 |
| 五 | 31 | 28 | 28 |  | 30 | 27 |
| 六 |  |  | 29 |  | 31 | 28 |
| 日 |  |  | 30 |  |  | 29 |
| 一 |  |  | 31 |  |  | 30 |
| 二 |  |  |  |  |  |  |

| 7月 | 8月 | 9月 | 10月 | 11月 | 12月 | |
|---|---|---|---|---|---|---|
| | | 1 | | | 1 | 一 |
| 1 | | 2 | | | 2 | 二 |
| 2 | | 3 | 1 | | 3 | 三 |
| 3 | | 4 | 2 | | 4 | 四 |
| 4 | 1 | 5 | 3 | | 5 | 五 |
| 5 | 2 | 6 | 4 | 1 | 6 | 六 |
| 6 | 3 | 7 | 5 | 2 | 7 | 日 |
| 7 | 4 | 8 | 6 | 3 | 8 | 一 |
| 8 | 5 | 9 | 7 | 4 | 9 | 二 |
| 9 | 6 | 10 | 8 | 5 | 10 | 三 |
| 10 | 7 | 11 | 9 | 6 | 11 | 四 |
| 11 | 8 | 12 | 10 | 7 | 12 | 五 |
| 12 | 9 | 13 | 11 | 8 | 13 | 六 |
| 13 | 10 | 14 | 12 | 9 | 14 | 日 |
| 14 | 11 | 15 | 13 | 10 | 15 | 一 |
| 15 | 12 | 16 | 14 | 11 | 16 | 二 |
| 16 | 13 | 17 | 15 | 12 | 17 | 三 |
| 17 | 14 | 18 | 16 | 13 | 18 | 四 |
| 18 | 15 | 19 | 17 | 14 | 19 | 五 |
| 19 | 16 | 20 | 18 | 15 | 20 | 六 |
| 20 | 17 | 21 | 19 | 16 | 21 | 日 |
| 21 | 18 | 22 | 20 | 17 | 22 | 一 |
| 22 | 19 | 23 | 21 | 18 | 23 | 二 |
| 23 | 20 | 24 | 22 | 19 | 24 | 三 |
| 24 | 21 | 25 | 23 | 20 | 25 | 四 |
| 25 | 22 | 26 | 24 | 21 | 26 | 五 |
| 26 | 23 | 27 | 25 | 22 | 27 | 六 |
| 27 | 24 | 28 | 26 | 23 | 28 | 日 |
| 28 | 25 | 29 | 27 | 24 | 29 | 一 |
| 29 | 26 | 30 | 28 | 25 | 30 | 二 |
| 30 | 27 | | 29 | 26 | 31 | 三 |
| 31 | 28 | | 30 | 27 | | 四 |
| | 29 | | 31 | 28 | | 五 |
| | 30 | | | 29 | | 六 |
| | 31 | | | 30 | | 日 |
| | | | | | | 一 |
| | | | | | | 二 |

30
星期一
三十

31
星期二
十二月

1
星期三
元旦

2
星期四
初三

3
星期五
初四

4
星期六
初五

5
星期日
小寒

**6**
星期一
初七

**7**
星期二
初八

**8**
星期三
初九

9
星期四
初十

10
星期五
十一

11
星期六
十二

12
星期日
十三

**13**
星期一
十四

**14**
星期二
十五

**15**
星期三
十六

**16**
星期四
十七

**17**
星期五
十八

**18**
星期六
十九

**19**
星期日
二十

20
星期一
大寒

21
星期二
廿二

22
星期三
廿三

23
星期四
廿四

24
星期五
廿五

25
星期六
廿六

26
星期日
廿七

27
**星期一**
廿八

28
**星期二**
廿九

29
**星期三**
春节

30
**星期四**
初二

31
**星期五**
初三

1
**星期六**
初四

2
**星期日**
初五

**3**

星期一
立春

**4**

星期二
初七

**5**

星期三
初八

6
**星期四**
初九

7
**星期五**
初十

8
**星期六**
十一

9
**星期日**
十二

10
**星期一**
十三

11
**星期二**
十四

12
**星期三**
元宵节

13
**星期四**
十六

14
**星期五**
十七

15
**星期六**
十八

16
**星期日**
十九

**17**
星期一
二十

**18**
星期二
雨水

**19**
星期三
廿二

20
星期四
廿三

21
星期五
廿四

22
星期六
廿五

23
星期日
廿六

24
**星期一**
廿七

25
**星期二**
廿八

26
**星期三**
廿九

27
**星期四**
三十

28
**星期五**
二月

1
**星期六**
初二

2
**星期日**
初三

3
**星期一**
初四

4
**星期二**
初五

5
**星期三**
惊蛰

6
星期四
初七

7
星期五
初八

8
星期六
妇女节

9
星期日
初十

10
**星期一**
十一

11
**星期二**
十二

12
**星期三**
植树节

13
**星期四**
十四

14
**星期五**
十五

15
**星期六**
十六

16
**星期日**
十七

**17**

星期一

十八

**18**

星期二

十九

**19**

星期三

二十

20
**星期四**
春分

21
**星期五**
廿二

22
**星期六**
廿三

23
**星期日**
廿四

24
**星期一**
廿五

25
**星期二**
廿六

26
**星期三**
廿七

27
**星期四**
廿八

28
**星期五**
廿九

29
**星期六**
三月

30
**星期日**
初二

31
**星期一**
初三

1
**星期二**
初四

2
**星期三**
初五

3
**星期四**
初六

4
**星期五**
清明

5
**星期六**
初八

6
**星期日**
初九

7
**星期一**
初十

8
**星期二**
十一

9
**星期三**
十二

10
**星期四**
十三

11
**星期五**
十四

12
**星期六**
十五

13
**星期日**
十六

**14**

星期一
十七

**15**

星期二
十八

**16**

星期三
十九

**17**
星期四
二十

**18**
星期五
廿一

**19**
星期六
廿二

**20**
星期日
谷雨

21
**星期一**
廿四

22
**星期二**
廿五

23
**星期三**
廿六

**24**
星期四
廿七

**25**
星期五
廿八

**26**
星期六
廿九

**27**
星期日
三十

28
**星期一**
四月

29
**星期二**
初二

30
**星期三**
初三

1
星期四
劳动节

2
星期五
初五

3
星期六
初六

4
星期日
青年节

5
**星期一**
立夏

6
**星期二**
初九

7
**星期三**
初十

8
**星期四**
十一

9
**星期五**
十二

10
**星期六**
十三

11
**星期日**
母亲节

12
**星期一**
十五

13
**星期二**
十六

14
**星期三**
十七

15
**星期四**
十八

16
**星期五**
十九

17
**星期六**
二十

18
**星期日**
廿一

19
**星期一**
廿二

20
**星期二**
廿三

21
**星期三**
小满

22
**星期四**
廿五

23
**星期五**
廿六

24
**星期六**
廿七

25
**星期日**
廿八

26
**星期一**
廿九

27
**星期二**
五月

28
**星期三**
初二

29
**星期四**
初三

30
**星期五**
初四

31
**星期六**
端午节

1
**星期日**
儿童节

2
**星期一**
初七

3
**星期二**
初八

4
**星期三**
初九

5
**星期四**
芒种

6
**星期五**
十一

7
**星期六**
十二

8
**星期日**
十三

9
**星期一**
十四

10
**星期二**
十五

11
**星期三**
十六

12
**星期四**
十七

13
**星期五**
十八

14
星期六
十九

15
星期日
父亲节

16
**星期一**
廿一

17
**星期二**
廿二

18
**星期三**
廿三

19
**星期四**
廿四

20
**星期五**
廿五

21
**星期六**
夏至

22
**星期日**
廿七

23
星期一
廿八

24
星期二
廿九

25
星期三
六月

26
**星期四**
初二

27
**星期五**
初三

28
**星期六**
初四

29
**星期日**
初五

30
星期一
初六

1
星期二
建党节

2
星期三
初八

3
**星期四**
初九

4
**星期五**
初十

5
**星期六**
十一

6
**星期日**
十二

7
**星期一**
小暑

8
**星期二**
十四

9
**星期三**
十五

10
**星期四**
十六

11
**星期五**
十七

12
星期六
十八

13
星期日
十九

14
**星期一**
二十

15
**星期二**
廿一

16
**星期三**
廿二

17
**星期四**
廿三

18
**星期五**
廿四

19
星期六
廿五

20
星期日
廿六

21
**星期一**
廿七

22
**星期二**
大暑

23
**星期三**
廿九

24
**星期四**
三十

25
**星期五**
闰六月

26
星期六
初二

27
星期日
初三

28
**星期一**
初四

29
**星期二**
初五

30
**星期三**
初六

31
**星期四**
初七

1
**星期五**
建军节

2
星期六
初九

3
星期日
初十

4
星期一
十一

5
星期二
十二

6
星期三
十三

7
**星期四**
立秋

8
**星期五**
十五

9
**星期六**
十六

10
**星期日**
十七

11
星期一
十八

12
星期二
十九

13
星期三
二十

14
**星期四**
廿一

15
**星期五**
廿二

16
星期六
廿三

17
星期日
廿四

18
**星期一**
廿五

19
**星期二**
廿六

20
**星期三**
廿七

21
**星期四**
廿八

22
**星期五**
廿九

23
星期六
处暑

24
星期日
初二

25
**星期一**
初三

26
**星期二**
初四

27
**星期三**
初五

28
星期四
初六

29
星期五
初七

30
星期六
初八

31
星期日
初九

**1**
星期一
初十

**2**
星期二
十一

**3**
星期三
十二

4
**星期四**
十三

5
**星期五**
十四

6
**星期六**
十五

7
**星期日**
白露

8
**星期一**
十七

9
**星期二**
十八

10
**星期三**
教师节

11
**星期四**
二十

12
**星期五**
廿一

13
星期六
廿二

14
星期日
廿三

**15**
**星期一**
廿四

**16**
**星期二**
廿五

**17**
**星期三**
廿六

18
星期四
廿七

19
星期五
廿八

20
星期六
廿九

21
星期日
三十

**22**
星期一
八月

**23**
星期二
秋分

**24**
星期三
初三

25
**星期四**
初四

26
**星期五**
初五

27
**星期六**
初六

28
**星期日**
初七

29
**星期一**
初八

30
**星期二**
初九

1
**星期三**
国庆节

2
星期四
十一

3
星期五
十二

4
星期六
十三

5
星期日
十四

6
**星期一**
中秋节

7
**星期二**
十六

8
**星期三**
寒露

9
**星期四**
十八

10
**星期五**
十九

11
**星期六**
二十

12
**星期日**
廿一

13
**星期一**
廿二

14
**星期二**
廿三

15
**星期三**
廿四

16
**星期四**
廿五

17
**星期五**
廿六

18
星期六
廿七

19
星期日
廿八

20
**星期一**
廿九

21
**星期二**
九月

22
**星期三**
初二

23
**星期四**
霜降

24
**星期五**
初四

25
星期六
初五

26
星期日
初六

27
**星期一**
初七

28
**星期二**
初八

29
**星期三**
重阳节

30
**星期四**
初十

31
**星期五**
十一

1
星期六
十二

2
星期日
十三

3
星期一
十四

4
星期二
十五

5
星期三
十六

6
**星期四**
十七

7
**星期五**
立冬

8
**星期六**
十九

9
**星期日**
二十

10
**星期一**
廿一

11
**星期二**
廿二

12
**星期三**
廿三

13
**星期四**
廿四

14
**星期五**
廿五

15
**星期六**
廿六

16
**星期日**
廿七

17
星期一
廿八

18
星期二
廿九

19
星期三
三十

20
**星期四**
十月

21
**星期五**
初二

22
**星期六**
小雪

23
**星期日**
初四

24
星期一
初五

25
星期二
初六

26
星期三
初七

27
星期四
初八

28
星期五
初九

29
星期六
初十

30
星期日
十一

1
星期一
十二

2
星期二
十三

3
星期三
十四

4
星期四
十五

5
星期五
十六

6
星期六
十七

7
星期日
大雪

8
星期一
十九

9
星期二
二十

10
星期三
廿一

11
**星期四**
廿二

12
**星期五**
廿三

13
**星期六**
廿四

14
**星期日**
廿五

15
星期一
廿六

16
星期二
廿七

17
星期三
廿八

18
星期四
廿九

19
星期五
三十

20
星期六
十一月

21
星期日
冬至

22
**星期一**
初三

23
**星期二**
初四

24
**星期三**
初五

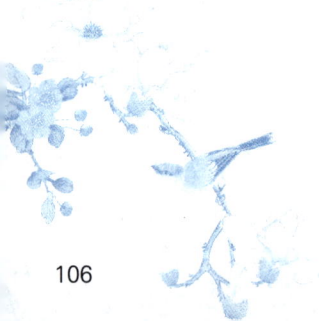

25
星期四
初六

26
星期五
初七

27
星期六
初八

28
星期日
初九

29
星期一
初十

30
星期二
十一

31
星期三
十二

1
星期四
元旦

2
星期五
十四

3
星期六
十五

4
星期日
十六

# 全国主要城市邮政编码及长途电话区号

| 地区 | 邮政编码 | 长途区号 | 地区 | 邮政编码 | 长途区号 |
|---|---|---|---|---|---|
| **【北京市】** | | | | | |
| 东城区 | 100010 | 010 | 通州区 | 101100 | 010 |
| 西城区 | 100032 | 010 | 房山区 | 102400 | 010 |
| 朝阳区 | 100020 | 010 | 顺义区 | 101300 | 010 |
| 丰台区 | 100071 | 010 | 昌平区 | 102200 | 010 |
| 石景山区 | 100043 | 010 | 平谷区 | 101200 | 010 |
| 海淀区 | 100089 | 010 | 怀柔区 | 101400 | 010 |
| 门头沟区 | 102300 | 010 | 延庆区 | 102100 | 010 |
| 大兴区 | 102600 | 010 | 密云区 | 101500 | 010 |
| **【上海市】** | | | | | |
| 黄浦区 | 200000 | 021 | 金山区 | 201540 | 021 |
| 徐汇区 | 200030 | 021 | 闵行区 | 201100 | 021 |
| 静安区 | 200040 | 021 | 奉贤区 | 201400 | 021 |
| 长宁区 | 200050 | 021 | 松江区 | 201600 | 021 |
| 闸北区 | 200070 | 021 | 青浦区 | 201700 | 021 |
| 虹口区 | 200086 | 021 | 嘉定区 | 201800 | 021 |
| 杨浦区 | 200082 | 021 | 宝山区 | 201900 | 021 |
| 浦东新区 | 200135 | 021 | 崇明区 | 202150 | 021 |
| 普陀区 | 200333 | 021 | | | |
| **【天津市】** | | | | | |
| 和平区 | 300041 | 022 | 北辰区 | 300400 | 022 |
| 河东区 | 300171 | 022 | 滨海新区 | 300450 | 022 |
| 河西区 | 300202 | 022 | 东丽区 | 300300 | 022 |
| 南开区 | 300110 | 022 | 武清区 | 301700 | 022 |
| 河北区 | 300143 | 022 | 宝坻区 | 301800 | 022 |
| 红桥区 | 300131 | 022 | 静海区 | 301600 | 022 |
| 西青区 | 300380 | 022 | 宁河区 | 301500 | 022 |
| 津南区 | 300350 | 022 | 蓟州区 | 301900 | 022 |
| **【重庆市】** | | | | | |
| 合川区 | 401520 | 023 | 梁平区 | 405200 | 023 |
| 黔江区 | 409000 | 023 | 垫江县 | 408300 | 023 |
| 大渡口区 | 400084 | 023 | 丰都县 | 408200 | 023 |
| 沙坪坝区 | 400038 | 023 | 万州区 | 404100 | 023 |
| 南岸区 | 401336 | 023 | 涪陵区 | 408000 | 023 |
| 渝北区 | 401120 | 023 | 渝中区 | 400013 | 023 |
| 永川区 | 402160 | 023 | 江北区 | 400025 | 023 |
| 江津区 | 402260 | 023 | 九龙坡区 | 400050 | 023 |
| 南川区 | 408400 | 023 | 北碚区 | 400700 | 023 |
| 长寿区 | 401220 | 023 | 巴南区 | 401320 | 023 |
| 綦江区 | 401420 | 023 | 忠　县 | 404300 | 023 |
| 潼南区 | 402660 | 023 | 巫山县 | 404700 | 023 |
| 荣昌区 | 402460 | 023 | 璧山区 | 402760 | 023 |
| 大足区 | 402360 | 023 | 铜梁区 | 402560 | 023 |

| | | | | | |
|---|---|---|---|---|---|
| 城口县 | 405900 | 023 | 酉阳土家族 | | |
| 武隆区 | 408500 | 023 | 苗族自治县 | 409800 | 023 |
| 奉节县 | 404600 | 023 | 彭水苗族土家 | | |
| 云阳县 | 404500 | 023 | 族自治县 | 409600 | 023 |
| 巫溪县 | 405800 | 023 | 秀山土家族 | | |
| 开州区 | 405400 | 023 | 苗族自治县 | 409900 | 023 |
| 石柱土家族 | | | | | |
| 自治县 | 409100 | 023 | | | |

## 【内蒙古自治区】

| | | | | | |
|---|---|---|---|---|---|
| 满洲里市 | 021400 | 0470 | 霍林郭勒市 | 029200 | 0475 |
| 牙克石市 | 022150 | 0470 | 通辽市 | 028000 | 0475 |
| 扎兰屯市 | 162650 | 0470 | 赤峰市 | 024000 | 0476 |
| 根河市 | 022350 | 0470 | 鄂尔多斯市 | 017004 | 0477 |
| 额尔古纳市 | 022250 | 0470 | 巴彦淖尔市 | 015000 | 0478 |
| 呼伦贝尔市 | 021000 | 0470 | 二连浩特市 | 011100 | 0479 |
| 呼和浩特市 | 010000 | 0471 | 锡林郭勒盟 | 026000 | 0479 |
| 包头市 | 014000 | 0472 | 锡林浩特市 | 026000 | 0479 |
| 乌海市 | 016000 | 0473 | 乌兰浩特市 | 137401 | 0482 |
| 乌兰察布市 | 012000 | 0474 | 阿尔山市 | 137800 | 0482 |
| 丰镇市 | 012100 | 0474 | 阿拉善盟 | 750306 | 0483 |

## 【山西省】

| | | | | | |
|---|---|---|---|---|---|
| 朔州市 | 038500 | 0349 | 高平市 | 048400 | 0356 |
| 怀仁市 | 038300 | 0349 | 晋城市 | 048000 | 0356 |
| 忻州市 | 034000 | 0350 | 临汾市 | 041000 | 0357 |
| 原平市 | 034100 | 0350 | 侯马市 | 043000 | 0357 |
| 太原市 | 030000 | 0351 | 霍州市 | 031400 | 0357 |
| 古交市 | 030200 | 0351 | 吕梁市 | 033000 | 0358 |
| 大同市 | 037000 | 0352 | 汾阳市 | 032200 | 0358 |
| 阳泉市 | 045000 | 0353 | 孝义市 | 032300 | 0358 |
| 晋中市 | 030600 | 0354 | 永济市 | 044500 | 0359 |
| 介休市 | 032000 | 0354 | 河津市 | 043300 | 0359 |
| 长治市 | 046000 | 0355 | 运城市 | 044000 | 0359 |

## 【河北省】

| | | | | | |
|---|---|---|---|---|---|
| 邯郸市 | 056000 | 0310 | 滦州市 | 063700 | 0315 |
| 武安市 | 056300 | 0310 | 遵化市 | 064200 | 0315 |
| 石家庄市 | 050000 | 0311 | 迁安市 | 064400 | 0315 |
| 新乐市 | 050700 | 0311 | 三河市 | 065200 | 0316 |
| 辛集市 | 052300 | 0311 | 廊坊市 | 065000 | 0316 |
| 晋州市 | 052200 | 0311 | 霸州市 | 065700 | 0316 |
| 保定市 | 071000 | 0312 | 沧州市 | 061000 | 0317 |
| 涿州市 | 072750 | 0312 | 黄骅市 | 061100 | 0317 |
| 定州市 | 073000 | 0312 | 泊头市 | 062150 | 0317 |
| 安国市 | 071200 | 0312 | 河间市 | 062450 | 0317 |
| 高碑店市 | 074000 | 0312 | 任丘市 | 062550 | 0317 |
| 张家口市 | 075000 | 0313 | 衡水市 | 053000 | 0318 |
| 承德市 | 067000 | 0314 | 深州市 | 053800 | 0318 |
| 平泉市 | 067500 | 0314 | 南宫市 | 055750 | 0319 |
| 唐山市 | 063000 | 0315 | 邢台市 | 054000 | 0319 |

| 沙河市 | 054100 | 0319 | 秦皇岛市 | 066000 | 0335 |
|---|---|---|---|---|---|

## 【辽宁省】

| 沈阳市 | 110000 | 024 | 鞍山市 | 114000 | 0412 |
|---|---|---|---|---|---|
| 新民市 | 110300 | 024 | 海城市 | 114200 | 0412 |
| 铁岭市 | 112000 | 024 | 抚顺市 | 113000 | 024 |
| 开原市 | 112300 | 024 | 本溪市 | 117000 | 024 |
| 调兵山市 | 112700 | 024 | 东港市 | 118300 | 0415 |
| 大连市 | 116000 | 0411 | 凤城市 | 118100 | 0415 |
| 瓦房店市 | 116300 | 0411 | 丹东市 | 118000 | 0415 |
| 庄河市 | 116400 | 0411 | 灯塔市 | 111300 | 0419 |
| 北镇市 | 121300 | 0416 | 辽阳市 | 111000 | 0419 |
| 凌海市 | 121200 | 0416 | 朝阳市 | 122000 | 0421 |
| 锦州市 | 121000 | 0416 | 北票市 | 122100 | 0421 |
| 营口市 | 115000 | 0417 | 凌源市 | 122500 | 0421 |
| 盖州市 | 115200 | 0417 | 盘锦市 | 124000 | 0427 |
| 大石桥市 | 115100 | 0417 | 葫芦岛市 | 125000 | 0429 |
| 阜新市 | 123000 | 0418 | 兴城市 | 125100 | 0429 |

## 【吉林省】

| 长春市 | 130000 | 0431 | 公主岭市 | 136100 | 0434 |
|---|---|---|---|---|---|
| 德惠市 | 130300 | 0431 | 双辽市 | 136400 | 0434 |
| 榆树市 | 130400 | 0431 | 集安市 | 134200 | 0435 |
| 蛟河市 | 132500 | 0432 | 通化市 | 134000 | 0435 |
| 吉林市 | 132000 | 0432 | 梅河口市 | 135000 | 0435 |
| 桦甸市 | 132400 | 0432 | 洮南市 | 137100 | 0436 |
| 舒兰市 | 132600 | 0432 | 白城市 | 137000 | 0436 |
| 磐石市 | 132300 | 0432 | 大安市 | 131300 | 0436 |
| 和龙市 | 133500 | 0433 | 辽源市 | 136200 | 0437 |
| 延吉市 | 133000 | 0433 | 松原市 | 138000 | 0438 |
| 图们市 | 133100 | 0433 | 扶余市 | 131200 | 0438 |
| 龙井市 | 133400 | 0433 | 白山市 | 134300 | 0439 |
| 敦化市 | 133700 | 0433 | 临江市 | 134600 | 0439 |
| 四平市 | 136000 | 0434 | 珲春市 | 133300 | 0433 |

## 【黑龙江省】

| 哈尔滨市 | 150000 | 0451 | 同江市 | 156400 | 0454 |
|---|---|---|---|---|---|
| 双城市 | 150100 | 0451 | 抚远市 | 156500 | 0454 |
| 五常市 | 150200 | 0451 | 肇东市 | 151100 | 0455 |
| 尚志市 | 150600 | 0451 | 安达市 | 151400 | 0455 |
| 齐齐哈尔市 | 161000 | 0452 | 绥化市 | 152000 | 0455 |
| 讷河市 | 161300 | 0452 | 海伦市 | 152300 | 0455 |
| 牡丹江市 | 157000 | 0453 | 嫩江市 | 161400 | 0456 |
| 海林市 | 157100 | 0453 | 北安市 | 164000 | 0456 |
| 东宁市 | 157200 | 0453 | 五大连池市 | 164100 | 0456 |
| 绥芬河市 | 157300 | 0453 | 黑河市 | 164300 | 0456 |
| 宁安市 | 157400 | 0453 | 大兴安岭地区 | 165000 | 0457 |
| 穆棱市 | 157500 | 0453 | 漠河市 | 165300 | 0457 |
| 佳木斯市 | 154000 | 0454 | 铁力市 | 152500 | 0458 |
| 富锦市 | 156100 | 0454 | 伊春市 | 153000 | 0458 |

| 大庆市 | 163000 | 0459 | 虎林市 | 158400 | 0467 |
| 七台河市 | 154600 | 0464 | 鹤岗市 | 154100 | 0468 |
| 鸡西市 | 158100 | 0467 | 双鸭山市 | 155100 | 0469 |
| 密山市 | 158300 | 0467 | | | |

## 【江苏省】

| 南京市 | 210000 | 025 | 仪征市 | 211400 | 0514 |
| 无锡市 | 214000 | 0510 | 连云港市 | 222000 | 0518 |
| 宜兴市 | 214200 | 0510 | 扬州市 | 225000 | 0514 |
| 江阴市 | 214400 | 0510 | 高邮市 | 225600 | 0514 |
| 镇江市 | 212000 | 0511 | 盐城市 | 224000 | 0515 |
| 丹阳市 | 212300 | 0511 | 东台市 | 224200 | 0515 |
| 扬中市 | 212200 | 0511 | 新沂市 | 221400 | 0516 |
| 句容市 | 212400 | 0511 | 徐州市 | 221000 | 0516 |
| 苏州市 | 215000 | 0512 | 邳州市 | 221300 | 0516 |
| 张家港市 | 215600 | 0512 | 淮安市 | 223000 | 0517 |
| 常熟市 | 215500 | 0512 | 常州市 | 213000 | 0519 |
| 太仓市 | 215400 | 0512 | 溧阳市 | 213300 | 0519 |
| 昆山市 | 215300 | 0512 | 兴化市 | 225700 | 0523 |
| 启东市 | 226200 | 0513 | 泰州市 | 225300 | 0523 |
| 南通市 | 226000 | 0513 | 靖江市 | 214500 | 0523 |
| 海门市 | 226100 | 0513 | 泰兴市 | 225400 | 0523 |
| 海安市 | 226600 | 0513 | 宿迁市 | 223800 | 0527 |
| 如皋市 | 226500 | 0513 | | | |

## 【安徽省】

| 滁州市 | 239000 | 0550 | 阜阳市 | 236000 | 0558 |
| 天长市 | 239300 | 0550 | 亳州市 | 236800 | 0558 |
| 明光市 | 239400 | 0550 | 黄山市 | 245000 | 0559 |
| 合肥市 | 230000 | 0551 | 淮北市 | 235000 | 0561 |
| 蚌埠市 | 233000 | 0552 | 铜陵市 | 244000 | 0562 |
| 芜湖市 | 241000 | 0553 | 宣城市 | 242000 | 0563 |
| 淮南市 | 232000 | 0554 | 广德市 | 242200 | 0563 |
| 马鞍山市 | 243000 | 0555 | 宁国市 | 242300 | 0563 |
| 安庆市 | 246000 | 0556 | 六安市 | 237000 | 0564 |
| 潜山市 | 246300 | 0556 | 巢湖市 | 238000 | 0551 |
| 桐城市 | 231400 | 0556 | 无为市 | 238300 | 0565 |
| 宿州市 | 234000 | 0557 | 池州市 | 247100 | 0566 |
| 界首市 | 236500 | 0558 | | | |

## 【山东省】

| 菏泽市 | 274000 | 0530 | 德州市 | 253000 | 0534 |
| 济南市 | 250000 | 0531 | 莱州市 | 261400 | 0535 |
| 青岛市 | 266000 | 0532 | 栖霞市 | 265300 | 0535 |
| 胶州市 | 266300 | 0532 | 烟台市 | 264000 | 0535 |
| 莱西市 | 266600 | 0532 | 海阳市 | 265100 | 0535 |
| 平度市 | 266700 | 0532 | 招远市 | 265400 | 0535 |
| 淄博市 | 255000 | 0533 | 莱阳市 | 265200 | 0535 |
| 禹城市 | 251200 | 0534 | 蓬莱市 | 265600 | 0535 |
| 乐陵市 | 253600 | 0534 | 龙口市 | 265700 | 0535 |

| | | | | |
|---|---|---|---|---|
| 寿光市 | 262700 | 0536 | 临沂市 | 276000 | 0539 |
| 高密市 | 261500 | 0536 | 滨州市 | 256600 | 0543 |
| 诸城市 | 262200 | 0536 | 邹平市 | 256200 | 0543 |
| 安丘市 | 262100 | 0536 | 东营市 | 257000 | 0546 |
| 青州市 | 262500 | 0536 | 乳山市 | 264500 | 0631 |
| 潍坊市 | 261000 | 0536 | 威海市 | 264200 | 0631 |
| 昌邑市 | 261300 | 0536 | 荣成市 | 264300 | 0631 |
| 曲阜市 | 273100 | 0537 | 滕州市 | 277500 | 0632 |
| 济宁市 | 272000 | 0537 | 枣庄市 | 277000 | 0632 |
| 邹城市 | 273500 | 0537 | 日照市 | 276800 | 0633 |
| 肥城市 | 271600 | 0538 | 临清市 | 252600 | 0635 |
| 泰安市 | 271000 | 0538 | 聊城市 | 252000 | 0635 |
| 新泰市 | 271200 | 0538 | | | |

## 【浙江省】

| | | | | |
|---|---|---|---|---|
| 江山市 | 324100 | 0570 | 玉环市 | 317600 | 0576 |
| 衢州市 | 324002 | 0570 | 台州市 | 318000 | 0576 |
| 杭州市 | 310000 | 0571 | 临海市 | 317000 | 0576 |
| 建德市 | 311600 | 0571 | 瑞安市 | 325200 | 0577 |
| 湖州市 | 313000 | 0572 | 乐清市 | 325600 | 0577 |
| 平湖市 | 314200 | 0573 | 温州市 | 325000 | 0577 |
| 海宁市 | 314400 | 0573 | 龙港市 | 325802 | 0577 |
| 嘉兴市 | 314000 | 0573 | 丽水市 | 323000 | 0578 |
| 桐乡市 | 314500 | 0573 | 龙泉市 | 323700 | 0578 |
| 慈溪市 | 315300 | 0574 | 永康市 | 321300 | 0579 |
| 宁波市 | 315000 | 0574 | 兰溪市 | 321100 | 0579 |
| 余姚市 | 315400 | 0574 | 义乌市 | 322000 | 0579 |
| 嵊州市 | 312400 | 0575 | 金华市 | 321000 | 0579 |
| 诸暨市 | 311800 | 0575 | 东阳市 | 322100 | 0579 |
| 绍兴市 | 312000 | 0575 | 舟山市 | 316000 | 0580 |
| 温岭市 | 317500 | 0576 | | | |

## 【江西省】

| | | | | |
|---|---|---|---|---|
| 鹰潭市 | 335000 | 0701 | 宜春市 | 336000 | 0795 |
| 贵溪市 | 335400 | 0701 | 樟树市 | 331200 | 0795 |
| 新余市 | 338000 | 0790 | 丰城市 | 331100 | 0795 |
| 南昌市 | 330000 | 0791 | 高安市 | 330800 | 0795 |
| 九江市 | 332000 | 0792 | 井冈山市 | 343600 | 0796 |
| 共青城市 | 332020 | 0792 | 吉安市 | 343000 | 0796 |
| 瑞昌市 | 332200 | 0792 | 赣州市 | 341000 | 0797 |
| 庐山市 | 332800 | 0792 | 瑞金市 | 342500 | 0797 |
| 德兴市 | 334200 | 0793 | 景德镇市 | 333000 | 0798 |
| 上饶市 | 334000 | 0793 | 乐平市 | 333300 | 0798 |
| 抚州市 | 344000 | 0794 | 萍乡市 | 337000 | 0799 |

## 【福建省】

| | | | | |
|---|---|---|---|---|
| 福州市 | 350000 | 0591 | 福安市 | 355000 | 0593 |
| 福清市 | 350300 | 0591 | 福鼎市 | 355200 | 0593 |
| 厦门市 | 361000 | 0592 | 莆田市 | 351100 | 0594 |
| 宁德市 | 352100 | 0593 | 泉州市 | 362000 | 0595 |

| | | | | | | |
|---|---|---|---|---|---|
| 晋江市 | 362200 | 0595 | 永安市 | 366000 | 0598 |
| 南安市 | 362300 | 0595 | 三明市 | 365000 | 0598 |
| 石狮市 | 362700 | 0595 | 邵武市 | 354000 | 0599 |
| 漳州市 | 363000 | 0596 | 南平市 | 353000 | 0599 |
| 龙海市 | 363100 | 0596 | 建瓯市 | 353100 | 0599 |
| 龙岩市 | 364000 | 0597 | 武夷山市 | 354300 | 0599 |
| 漳平市 | 364400 | 0597 | | | |

## 【湖南省】

| | | | | | |
|---|---|---|---|---|---|
| 岳阳市 | 414000 | 0730 | 津市市 | 415400 | 0736 |
| 汨罗市 | 414400 | 0730 | 常德市 | 415000 | 0736 |
| 临湘市 | 414300 | 0730 | 益阳市 | 413000 | 0737 |
| 长沙市 | 410000 | 0731 | 沅江市 | 413100 | 0737 |
| 湘潭市 | 411100 | 0731 | 娄底市 | 417000 | 0738 |
| 株洲市 | 412000 | 0731 | 涟源市 | 417100 | 0738 |
| 浏阳市 | 410300 | 0731 | 冷水江市 | 417500 | 0738 |
| 宁乡市 | 410600 | 0731 | 武冈市 | 422400 | 0739 |
| 湘乡市 | 411400 | 0731 | 邵阳市 | 422000 | 0739 |
| 韶山市 | 411300 | 0731 | 邵东市 | 422800 | 0739 |
| 醴陵市 | 412200 | 0731 | 吉首市 | 416000 | 0743 |
| 衡阳市 | 421000 | 0734 | 张家界市 | 427000 | 0744 |
| 常宁市 | 421500 | 0734 | 怀化市 | 418000 | 0745 |
| 耒阳市 | 421800 | 0734 | 洪江市 | 418100 | 0745 |
| 郴州市 | 423000 | 0735 | 永州市 | 425000 | 0746 |
| 资兴市 | 423400 | 0735 | | | |

## 【湖北省】

| | | | | | |
|---|---|---|---|---|---|
| 武汉市 | 430000 | 027 | 松滋市 | 434200 | 0716 |
| 宜城市 | 441400 | 0710 | 洪湖市 | 433200 | 0716 |
| 襄阳市 | 441000 | 0710 | 宜都市 | 443300 | 0717 |
| 老河口市 | 441800 | 0710 | 当阳市 | 444100 | 0717 |
| 枣阳市 | 441200 | 0710 | 枝江市 | 443200 | 0717 |
| 鄂州市 | 436000 | 0711 | 宜昌市 | 443000 | 0717 |
| 孝感市 | 432000 | 0712 | 恩施市 | 445000 | 0718 |
| 应城市 | 432400 | 0712 | 利川市 | 445400 | 0718 |
| 安陆市 | 432600 | 0712 | 十堰市 | 442000 | 0719 |
| 汉川市 | 431600 | 0712 | 丹江口市 | 442700 | 0719 |
| 武穴市 | 435400 | 0713 | 广水市 | 432700 | 0722 |
| 麻城市 | 438300 | 0713 | 随州市 | 441300 | 0722 |
| 黄冈市 | 438000 | 0713 | 京山市 | 431800 | 0724 |
| 黄石市 | 435000 | 0714 | 钟祥市 | 431900 | 0724 |
| 大冶市 | 435100 | 0714 | 荆门市 | 448000 | 0724 |
| 咸宁市 | 437000 | 0715 | 仙桃市 | 433000 | 0728 |
| 赤壁市 | 437300 | 0715 | 天门市 | 431700 | 0728 |
| 石首市 | 434400 | 0716 | 潜江市 | 433100 | 0728 |
| 荆州市 | 434000 | 0716 | | | |

## 【河南省】

| | | | | | |
|---|---|---|---|---|---|
| 永城市 | 476600 | 0370 | 巩义市 | 451200 | 0371 |
| 商丘市 | 476000 | 0370 | 登封市 | 452470 | 0371 |

| 郑州市 | 450000 | 0371 | 邓州市 | 474150 | 0377 |
|---|---|---|---|---|---|
| 新郑市 | 451100 | 0371 | 开封市 | 475000 | 0371 |
| 新密市 | 452300 | 0371 | 洛阳市 | 471000 | 0379 |
| 荥阳市 | 450100 | 0371 | 偃师市 | 471900 | 0379 |
| 林州市 | 456500 | 0372 | 孟州市 | 454750 | 0391 |
| 安阳市 | 455000 | 0372 | 沁阳市 | 454550 | 0391 |
| 辉县市 | 453600 | 0373 | 济源市 | 454650 | 0391 |
| 新乡市 | 453000 | 0373 | 焦作市 | 454000 | 0391 |
| 卫辉市 | 453100 | 0373 | 鹤壁市 | 458000 | 0392 |
| 长垣市 | 453040 | 0373 | 濮阳市 | 457000 | 0393 |
| 长葛市 | 461500 | 0374 | 项城市 | 466200 | 0394 |
| 许昌市 | 461000 | 0374 | 周口市 | 466000 | 0394 |
| 禹州市 | 461670 | 0374 | 漯河市 | 462000 | 0395 |
| 舞钢市 | 462500 | 0375 | 驻马店市 | 463000 | 0396 |
| 汝州市 | 467500 | 0375 | 三门峡市 | 472000 | 0398 |
| 平顶山市 | 467000 | 0375 | 灵宝市 | 472500 | 0398 |
| 信阳市 | 464000 | 0376 | 义马市 | 472300 | 0398 |
| 南阳市 | 473000 | 0377 | | | |

## 【广东省】

| 广州市 | 510000 | 020 | 兴宁市 | 514500 | 0753 |
|---|---|---|---|---|---|
| 陆丰市 | 516500 | 0660 | 汕头市 | 515000 | 0754 |
| 汕尾市 | 516600 | 0660 | 深圳市 | 518000 | 0755 |
| 阳春市 | 529600 | 0662 | 珠海市 | 519000 | 0756 |
| 阳江市 | 529500 | 0662 | 佛山市 | 528000 | 0757 |
| 普宁市 | 515300 | 0663 | 四会市 | 526200 | 0758 |
| 揭阳市 | 522000 | 0663 | 肇庆市 | 526000 | 0758 |
| 茂名市 | 525000 | 0668 | 吴川市 | 524500 | 0759 |
| 化州市 | 525100 | 0668 | 湛江市 | 524000 | 0759 |
| 信宜市 | 525300 | 0668 | 廉江市 | 524400 | 0759 |
| 高州市 | 525200 | 0668 | 雷州市 | 524200 | 0759 |
| 恩平市 | 529400 | 0750 | 中山市 | 528400 | 0760 |
| 台山市 | 529200 | 0750 | 河源市 | 517000 | 0762 |
| 开平市 | 529300 | 0750 | 英德市 | 513000 | 0763 |
| 江门市 | 529000 | 0750 | 清远市 | 511500 | 0763 |
| 鹤山市 | 529700 | 0750 | 连州市 | 513400 | 0763 |
| 韶关市 | 512000 | 0751 | 罗定市 | 527200 | 0766 |
| 南雄市 | 512400 | 0751 | 云浮市 | 527300 | 0766 |
| 乐昌市 | 512200 | 0751 | 潮州市 | 521000 | 0768 |
| 惠州市 | 516000 | 0752 | 东莞市 | 523000 | 0769 |
| 梅州市 | 514000 | 0753 | | | |

## 【海南省】

| 东方市 | 572600 | 0898 | 儋州市 | 571700 | 0898 |
|---|---|---|---|---|---|
| 万宁市 | 571500 | 0898 | 文昌市 | 571300 | 0898 |
| 三亚市 | 572000 | 0898 | 琼海市 | 571400 | 0898 |
| 五指山市 | 572200 | 0898 | 海口市 | 570000 | 0898 |
| 三沙市 | 573100 | 0898 | | | |

## 【广西壮族自治区】

| | | | | | | | |
|---|---|---|---|---|---|---|---|
| 防城港市 | 538000 | 0770 | | 岑溪市 | 543200 | 0774 |
| 东兴市 | 538100 | 0770 | | 玉林市 | 537000 | 0775 |
| 崇左市 | 532200 | 0771 | | 贵港市 | 537000 | 0775 |
| 凭祥市 | 532600 | 0771 | | 桂平市 | 537200 | 0775 |
| 南宁市 | 530000 | 0771 | | 北流市 | 537400 | 0775 |
| 合山市 | 546500 | 0772 | | 平果市 | 531400 | 0776 |
| 来宾市 | 546100 | 0772 | | 百色市 | 533000 | 0776 |
| 柳州市 | 545000 | 0772 | | 靖西市 | 533800 | 0776 |
| 桂林市 | 541000 | 0773 | | 钦州市 | 535000 | 0777 |
| 荔浦市 | 546600 | 0773 | | 河池市 | 547000 | 0778 |
| 贺州市 | 542800 | 0774 | | 北海市 | 536000 | 0779 |
| 梧州市 | 543000 | 0774 | | | | |

## 【贵州省】

| | | | | | | |
|---|---|---|---|---|---|---|
| 贵阳市 | 550001 | 0851 | | 凯里市 | 556000 | 0855 |
| 清镇市 | 551400 | 0851 | | 铜仁市 | 554300 | 0856 |
| 遵义市 | 563000 | 0851 | | 毕节市 | 551700 | 0857 |
| 仁怀市 | 564500 | 0851 | | 六盘水市 | 553400 | 0858 |
| 赤水市 | 564700 | 0851 | | 盘州市 | 561601 | 0858 |
| 安顺市 | 561000 | 0851 | | 兴义市 | 562400 | 0859 |
| 都匀市 | 558000 | 0854 | | 兴仁市 | 562300 | 0859 |
| 福泉市 | 550500 | 0854 | | | | |

## 【四川省】

| | | | | | | |
|---|---|---|---|---|---|---|
| 成都市 | 610000 | 028 | | 泸州市 | 646000 | 0830 |
| 崇州市 | 611200 | 028 | | 宜宾市 | 644000 | 0831 |
| 都江堰市 | 611800 | 028 | | 简阳市 | 641400 | 028 |
| 彭州市 | 611900 | 028 | | 内江市 | 641000 | 0832 |
| 邛崃市 | 611500 | 028 | | 隆昌市 | 642150 | 0832 |
| 资阳市 | 641300 | 028 | | 乐山市 | 614000 | 0833 |
| 眉山市 | 620000 | 028 | | 峨眉山市 | 614200 | 0833 |
| 攀枝花市 | 617000 | 0812 | | 凉山彝族自治州 | 615000 | 0834 |
| 自贡市 | 643000 | 0813 | | 西昌市 | 615000 | 0834 |
| 绵阳市 | 621000 | 0816 | | 雅安市 | 625000 | 0835 |
| 江油市 | 621700 | 0816 | | 甘孜藏族自治州 | 626000 | 0836 |
| 阆中市 | 637400 | 0817 | | 康定市 | 626000 | 0836 |
| 南充市 | 637000 | 0817 | | 阿坝藏族羌族 | | |
| 万源市 | 636350 | 0818 | | 自治州 | 624000 | 0837 |
| 达州市 | 635000 | 0818 | | 马尔康市 | 624000 | 0837 |
| 遂宁市 | 629000 | 0825 | | 广汉市 | 618300 | 0838 |
| 射洪市 | 629200 | 0825 | | 绵竹市 | 618200 | 0838 |
| 广安市 | 638000 | 0826 | | 什邡市 | 618400 | 0838 |
| 华蓥市 | 638600 | 0826 | | 德阳市 | 618000 | 0838 |
| 巴中市 | 636000 | 0827 | | 广元市 | 628000 | 0839 |

## 【云南省】

| | | | | | | |
|---|---|---|---|---|---|---|
| 景洪市 | 666100 | 0691 | | 昭通市 | 657000 | 0870 |
| 芒 市 | 678400 | 0692 | | 水富市 | 657800 | 0870 |
| 瑞丽市 | 678600 | 0692 | | 安宁市 | 650300 | 0871 |

| | | | | | |
|---|---|---|---|---|---|
| 昆明市 | 650000 | 0871 | 文山市 | 663000 | 0876 |
| 大理市 | 671000 | 0872 | 澄江市 | 652500 | 0877 |
| 蒙自市 | 661100 | 0873 | 玉溪市 | 653100 | 0877 |
| 个旧市 | 661000 | 0873 | 楚雄市 | 675000 | 0878 |
| 开远市 | 661600 | 0873 | 普洱市 | 665000 | 0879 |
| 弥勒市 | 652300 | 0873 | 临沧市 | 677000 | 0883 |
| 曲靖市 | 655000 | 0874 | 泸水市 | 673299 | 0886 |
| 宣威市 | 655400 | 0874 | 香格里拉市 | 674400 | 0887 |
| 保山市 | 678000 | 0875 | 丽江市 | 674100 | 0888 |
| 腾冲市 | 679100 | 0875 | | | |

## 【 陕西省 】

| | | | | | |
|---|---|---|---|---|---|
| 西安市 | 710000 | 029 | 华阴市 | 714200 | 0913 |
| 咸阳市 | 712000 | 029 | 韩城市 | 715400 | 0913 |
| 兴平市 | 713100 | 029 | 渭南市 | 714000 | 0913 |
| 彬州市 | 713500 | 029 | 商洛市 | 726000 | 0914 |
| 延安市 | 716000 | 0911 | 安康市 | 725000 | 0915 |
| 子长市 | 717300 | 0911 | 汉中市 | 723000 | 0916 |
| 榆林市 | 719000 | 0912 | 宝鸡市 | 721000 | 0917 |
| 神木市 | 719300 | 0912 | 铜川市 | 727000 | 0919 |

## 【 甘肃省 】

| | | | | | |
|---|---|---|---|---|---|
| 临夏市 | 731100 | 0930 | 酒泉市 | 735000 | 0937 |
| 兰州市 | 730000 | 0931 | 敦煌市 | 736200 | 0937 |
| 定西市 | 743000 | 0932 | 嘉峪关市 | 735100 | 0937 |
| 平凉市 | 744000 | 0933 | 玉门市 | 735200 | 0937 |
| 华亭市 | 744100 | 0933 | 天水市 | 741000 | 0938 |
| 庆阳市 | 745000 | 0934 | 陇南市 | 746000 | 0939 |
| 武威市 | 733000 | 0935 | 合作市 | 747000 | 0941 |
| 金昌市 | 737100 | 0935 | 白银市 | 730900 | 0943 |
| 张掖市 | 734000 | 0936 | | | |

## 【 宁夏回族自治区 】

| | | | | | |
|---|---|---|---|---|---|
| 银川市 | 750000 | 0951 | 吴忠市 | 751100 | 0953 |
| 灵武市 | 750400 | 0951 | 中卫市 | 751700 | 0955 |
| 石嘴山市 | 753000 | 0952 | 固原市 | 756000 | 0954 |
| 青铜峡市 | 751600 | 0953 | | | |

## 【 青海省 】

| | | | | | |
|---|---|---|---|---|---|
| 海北藏族自治州 | 812200 | 0970 | 玉树市 | 815000 | 0976 |
| 西宁市 | 810000 | 0971 | 格尔木市 | 816000 | 0979 |
| 黄南藏族自治州 | 811300 | 0973 | 海西蒙古族 | | |
| 海东市 | 810700 | 0972 | 藏族自治州 | 817000 | 0977 |
| 海南藏族自治州 | 813000 | 0974 | 德令哈市 | 817000 | 0977 |
| 果洛藏族自治州 | 814000 | 0975 | 茫崖市 | 817500 | 0977 |
| 玉树藏族自治州 | 815000 | 0976 | | | |

## 【 新疆维吾尔自治区 】

| | | | | | |
|---|---|---|---|---|---|
| 塔城市 | 834700 | 0901 | 博乐市 | 833400 | 0909 |
| 哈密市 | 839000 | 0902 | 阿拉山口市 | 833400 | 0909 |
| 阿图什市 | 845350 | 0908 | 双河市 | 659007 | 0909 |

| 克拉玛依市 | 834000 | 0990 | 阿勒泰市 | 836500 | 0906 |
| 乌鲁木齐市 | 830000 | 0991 | 吐鲁番市 | 838000 | 0995 |
| 乌苏市 | 833000 | 0992 | 库尔勒市 | 841000 | 0996 |
| 奎屯市 | 833200 | 0992 | 铁门关市 | 841007 | 0996 |
| 胡杨河市 | 834034 | 0992 | 库车市 | 842000 | 0997 |
| 石河子市 | 832000 | 0993 | 阿克苏市 | 843000 | 0997 |
| 昌吉市 | 831100 | 0994 | 阿拉尔市 | 843300 | 0997 |
| 五家渠市 | 831300 | 0994 | 图木舒克市 | 843806 | 0998 |
| 阜康市 | 831500 | 0994 | 喀什市 | 844000 | 0998 |
| 和田市 | 848000 | 0903 | 伊宁市 | 835000 | 0999 |
| 昆玉市 | 848116 | 0903 | 霍尔果斯市 | 835221 | 0999 |
| 北屯市 | 836000 | 0906 | 可克达拉市 | 835000 | 0999 |

## 【西藏自治区】

| 拉萨市 | 850000 | 0891 | 昌都市 | 854000 | 0895 |
| 日喀则市 | 857000 | 0892 | 那曲市 | 852000 | 0896 |
| 山南市 | 856000 | 0893 | 阿里地区 | 859000 | 0897 |
| 林芝市 | 850400 | 0894 | | | |

## 【港澳台】

| 香港特别行政区 | 略 | 00852 | 澳门特别行政区 | 略 | 00853 |
| 台湾省 | 略 | 略 | | | |

## 🔵 特种服务电话

| | |
|---|---|
| 匪警 | 110 |
| 电话报修台 | 112 |
| 查号台 | 114 |
| 火警 | 119 |
| 医疗急救 | 120 |
| 红十字会急救 | 999 |
| 报时台 | 12117 |
| 天气预报电话查询 | 12121 |
| 交通事故报警 | 122 |
| 水上搜救专用电话 | 12395 |
| 公安短信报警 | 12110 |
| 森林火警 | 12119 |

## 🔵 咨询服务

| | |
|---|---|
| 中国邮政客户服务热线 | 11185 |
| 中国电信客户服务热线 | 10000 |
| 中国联通客户服务热线 | 10010 |
| 中国移动通信公司客户服务热线 | 10086 |
| 国航官方客服电话 | 95583 |
| 火车票订票热线 | 12306 |
| 民政服务电话 | 12349 |
| 人力资源社会保障咨询电话 | 12333 |
| 公共法律服务热线 | 12348 |

## （三）服务热线

| | |
|---|---|
| 政务服务便民热线 | 12345 |
| 自来水报修热线（北京） | 96116 |
| 供电服务热线 | 95598 |
| 燃气报修热线 | 96777 |
| 反电信网络诈骗专线 | 96110 |
| 防震减灾热线 | 12322 |
| 城管热线 | 12319 |
| 网络不良与垃圾信息举报受理中心 | 12321 |
| 北京交通服务热线 | 96166 |
| 公共卫生热线 | 12320 |
| 妇女维权公益服务热线 | 12338 |
| 旅游资讯服务热线 | 12301 |
| 银行保险消费者投诉维权热线 | 12378 |
| 医疗保障服务热线 | 12393 |
| 住房公积金热线 | 12329 |
| 互联网违法和不良信息举报热线 | 12377 |
| 市场监管投诉热线 | 12315 |
| 北京社区公共服务热线 | 96156 |
| 纳税服务热线 | 12366 |

日　　期

目　的　地

行程计划

日　　期

目　的　地

行程计划

# 出行计划表

| 日　　期 | |
|---|---|
| 目 的 地 | |

行程计划

-------------------------------------
-------------------------------------
-------------------------------------
-------------------------------------
-------------------------------------
-------------------------------------
-------------------------------------
-------------------------------------

| 日　　期 | |
|---|---|
| 目 的 地 | |

行程计划

-------------------------------------
-------------------------------------
-------------------------------------
-------------------------------------
-------------------------------------
-------------------------------------

| 日　　期 | |
|---|---|
| 目 的 地 | |

行程计划

--------------------------------------

--------------------------------------

--------------------------------------

--------------------------------------

--------------------------------------

--------------------------------------

--------------------------------------

--------------------------------------

| 日　　期 | |
|---|---|
| 目 的 地 | |

行程计划

--------------------------------------

--------------------------------------

--------------------------------------

--------------------------------------

--------------------------------------

--------------------------------------

--------------------------------------

日　　期 ＿＿＿＿＿＿＿＿＿＿＿＿＿＿＿

目 的 地 ＿＿＿＿＿＿＿＿＿＿＿＿＿＿＿

行程计划

日　　期 ＿＿＿＿＿＿＿＿＿＿＿＿＿＿＿

目 的 地 ＿＿＿＿＿＿＿＿＿＿＿＿＿＿＿

行程计划

日　　期 _____

目 的 地 _____

行程计划

----------------------------------------

----------------------------------------

----------------------------------------

----------------------------------------

----------------------------------------

----------------------------------------

----------------------------------------

----------------------------------------

日　　期 _____

目 的 地 _____

行程计划

----------------------------------------

----------------------------------------

----------------------------------------

----------------------------------------

----------------------------------------

----------------------------------------

----------------------------------------

日　　期 _____

目 的 地 _____

行程计划

------------------------------------

------------------------------------

------------------------------------

------------------------------------

------------------------------------

------------------------------------

------------------------------------

日　　期 _____

目 的 地 _____

行程计划

------------------------------------

------------------------------------

------------------------------------

------------------------------------

------------------------------------

------------------------------------

日　　期 _____

目 的 地 _____

行程计划
- - - - - - - - - - - - - - - - - - - - - -
- - - - - - - - - - - - - - - - - - - - - -
- - - - - - - - - - - - - - - - - - - - - -
- - - - - - - - - - - - - - - - - - - - - -
- - - - - - - - - - - - - - - - - - - - - -
- - - - - - - - - - - - - - - - - - - - - -
- - - - - - - - - - - - - - - - - - - - - -
- - - - - - - - - - - - - - - - - - - - - -

日　　期 _____

目 的 地 _____

行程计划
- - - - - - - - - - - - - - - - - - - - - -
- - - - - - - - - - - - - - - - - - - - - -
- - - - - - - - - - - - - - - - - - - - - -
- - - - - - - - - - - - - - - - - - - - - -
- - - - - - - - - - - - - - - - - - - - - -
- - - - - - - - - - - - - - - - - - - - - -
- - - - - - - - - - - - - - - - - - - - - -

日　　期　_____

目　的　地　_____

行程计划

日　　期　_____

目　的　地　_____

行程计划

第　本　　　　　　日　期

书　名

阅读笔记

第　本　　　　　　日　期

书　名

阅读笔记

第　　本　　　　　　日　　期

书　　名

阅读笔记

---

第　　本　　　　　　日　　期

书　　名

阅读笔记

1月

2月

3月

4月

5月

6月

7月

8月

9月

10月

11月

12月

姓名 _____ 手机 _____

工作单位 _____

微信 _____ QQ _____

E-mail _____


姓名 _____ 手机 _____

工作单位 _____

微信 _____ QQ _____

E-mail _____


姓名 _____ 手机 _____

工作单位 _____

微信 _____ QQ _____

E-mail _____


姓名 _____ 手机 _____

工作单位 _____

微信 _____ QQ _____

E-mail _____

姓名 _____ 手机 _____

工作单位 _____

微信 _____ QQ _____

E-mail _____


姓名 _____ 手机 _____

工作单位 _____

微信 _____ QQ _____

E-mail _____


姓名 _____ 手机 _____

工作单位 _____

微信 _____ QQ _____

E-mail _____


姓名 _____ 手机 _____

工作单位 _____

微信 _____ QQ _____

E-mail _____

姓名 _____ 手机 _____

工作单位 _____

微信 _____ QQ _____

E-mail _____


姓名 _____ 手机 _____

工作单位 _____

微信 _____ QQ _____

E-mail _____


姓名 _____ 手机 _____

工作单位 _____

微信 _____ QQ _____

E-mail _____


姓名 _____ 手机 _____

工作单位 _____

微信 _____ QQ _____

E-mail _____

姓名 _____ 手机 _____

工作单位 _____

微信 _____ QQ _____

E-mail _____


姓名 _____ 手机 _____

工作单位 _____

微信 _____ QQ _____

E-mail _____


姓名 _____ 手机 _____

工作单位 _____

微信 _____ QQ _____

E-mail _____


姓名 _____ 手机 _____

工作单位 _____

微信 _____ QQ _____

E-mail _____

姓名 _____ 手机 _____

工作单位 _____

微信 _____ QQ _____

E-mail _____


姓名 _____ 手机 _____

工作单位 _____

微信 _____ QQ _____

E-mail _____


姓名 _____ 手机 _____

工作单位 _____

微信 _____ QQ _____

E-mail _____


姓名 _____ 手机 _____

工作单位 _____

微信 _____ QQ _____

E-mail _____

姓名 _____ 手机 _____

工作单位 _____

微信 _____ QQ _____

E-mail _____


姓名 _____ 手机 _____

工作单位 _____

微信 _____ QQ _____

E-mail _____


姓名 _____ 手机 _____

工作单位 _____

微信 _____ QQ _____

E-mail _____


姓名 _____ 手机 _____

工作单位 _____

微信 _____ QQ _____

E-mail _____

姓名 _____ 手机 _____

工作单位 _____

微信 _____ QQ _____

E-mail _____


姓名 _____ 手机 _____

工作单位 _____

微信 _____ QQ _____

E-mail _____


姓名 _____ 手机 _____

工作单位 _____

微信 _____ QQ _____

E-mail _____


姓名 _____ 手机 _____

工作单位 _____

微信 _____ QQ _____

E-mail _____

姓名 _____　手机 _____

工作单位 _____

微信 _____　QQ _____

E-mail _____


姓名 _____　手机 _____

工作单位 _____

微信 _____　QQ _____

E-mail _____


姓名 _____　手机 _____

工作单位 _____

微信 _____　QQ _____

E-mail _____


姓名 _____　手机 _____

工作单位 _____

微信 _____　QQ _____

E-mail _____

姓名 　　　　　　　　　手机

工作单位

微信 　　　　　　　　　QQ

E-mail


姓名 　　　　　　　　　手机

工作单位

微信 　　　　　　　　　QQ

E-mail


姓名 　　　　　　　　　手机

工作单位

微信 　　　　　　　　　QQ

E-mail


姓名 　　　　　　　　　手机

工作单位

微信 　　　　　　　　　QQ

E-mail

# 2026 丙午（马）年

| 日 SUN | 一 MON | 二 TUE | 三 WED | 四 THU | 五 FRI | 六 SAT |
|---|---|---|---|---|---|---|

## 1

| 日 | 一 | 二 | 三 | 四 | 五 | 六 |
|---|---|---|---|---|---|---|
| | | | | 1 元旦 十三 | 2 十四 | 3 十五 |
| 4 十六 | 5 小寒 十七 | 6 十八 | 7 十九 | 8 二十 | 9 廿一 | 10 廿二 |
| 11 廿三 | 12 廿四 | 13 廿五 | 14 廿六 | 15 廿七 | 16 廿八 | 17 廿九 |
| 18 三十 | 19 腊月 | 20 大寒 初二 | 21 初三 | 22 初四 | 23 初五 | 24 初六 |
| 25 初七 | 26 初八 | 27 初九 | 28 初十 | 29 十一 | 30 十二 | 31 十三 |

## 2

| 日 | 一 | 二 | 三 | 四 | 五 | 六 |
|---|---|---|---|---|---|---|
| 1 十四 | 2 十五 | 3 十六 | 4 立春 十七 | 5 十八 | 6 十九 | 7 二十 |
| 8 廿一 | 9 廿二 | 10 廿三 | 11 廿四 | 12 廿五 | 13 廿六 | 14 廿七 |
| 15 廿八 | 16 廿九 | 17 正月 | 18 雨水 初二 | 19 初三 | 20 初四 | 21 初五 |
| 22 初六 | 23 初七 | 24 初八 | 25 初九 | 26 初十 | 27 十一 | 28 十二 |

## 3

| 日 | 一 | 二 | 三 | 四 | 五 | 六 |
|---|---|---|---|---|---|---|
| 1 元育节 十三 | 2 十四 | 3 十五 | 4 十六 | 5 惊蛰 十七 | 6 十八 | 7 十九 |
| 8 妇女节 二十 | 9 廿一 | 10 廿二 | 11 廿三 | 12 二月 | 13 初二 | 14 初三 |
| 15 初四 | 16 初五 | 17 初六 | 18 初七 | 19 初八 | 20 春分 初九 | 21 初十 |
| 22 十一 | 23 十二 | 24 十三 | 25 十四 | 26 十五 | 27 十六 | 28 十七 |
| 29 十八 | 30 十九 | 31 二十 | | | | |

## 4

| 日 | 一 | 二 | 三 | 四 | 五 | 六 |
|---|---|---|---|---|---|---|
| | | | 1 廿四 | 2 廿五 | 3 廿六 | 4 廿七 |
| 5 清明 廿八 | 6 廿九 | 7 三十 | 8 三月 | 9 初二 | 10 初三 | 11 初四 |
| 12 初五 | 13 初六 | 14 初七 | 15 初八 | 16 初九 | 17 初十 | 18 十一 |
| 19 十二 | 20 谷雨 十三 | 21 十四 | 22 十五 | 23 十六 | 24 十七 | 25 十八 |
| 26 十九 | 27 二十 | 28 廿一 | 29 廿二 | 30 廿三 | | |

## 5

| 日 | 一 | 二 | 三 | 四 | 五 | 六 |
|---|---|---|---|---|---|---|
| | | | | | 1 劳动节 廿四 | 2 廿五 |
| 3 廿六 | 4 青年节 廿七 | 5 立夏 廿八 | 6 廿九 | 7 四月 | 8 初二 | 9 初三 |
| 10 母亲节 初四 | 11 初五 | 12 初六 | 13 初七 | 14 初八 | 15 初九 | 16 初十 |
| 17 十一 | 18 十二 | 19 十三 | 20 十四 | 21 小满 十五 | 22 十六 | 23 十七 |
| 24 十八 | 25 十九 | 26 二十 | 27 廿一 | 28 廿二 | 29 廿三 | 30 廿四 |
| 31 廿五 | | | | | | |

## 6

| 日 | 一 | 二 | 三 | 四 | 五 | 六 |
|---|---|---|---|---|---|---|
| | 1 儿童节 廿六 | 2 廿七 | 3 廿八 | 4 廿九 | 5 芒种 五月 | 6 初二 |
| 7 初三 | 8 初四 | 9 初五 | 10 初六 | 11 初七 | 12 初八 | 13 初九 |
| 14 初十 | 15 十一 | 16 十二 | 17 十三 | 18 十四 | 19 端午节 十五 | 20 十六 |
| 21 父亲节 十七 | 22 十八 | 23 十九 | 24 二十 | 25 廿一 | 26 廿二 | 27 廿三 |
| 28 廿四 | 29 廿五 | 30 廿六 | | | | |

## 7

| 日 | 一 | 二 | 三 | 四 | 五 | 六 |
|---|---|---|---|---|---|---|
| | | | 1 建党节 廿七 | 2 廿八 | 3 廿九 | 4 三十 |
| 5 六月 | 6 初二 | 7 小暑 初三 | 8 初四 | 9 初五 | 10 初六 | 11 初七 |
| 12 初八 | 13 初九 | 14 初十 | 15 十一 | 16 十二 | 17 十三 | 18 十四 |
| 19 十五 | 20 十六 | 21 十七 | 22 十八 | 23 大暑 十九 | 24 二十 | 25 廿一 |
| 26 廿二 | 27 廿三 | 28 廿四 | 29 廿五 | 30 廿六 | 31 廿七 | |

## 8

| 日 | 一 | 二 | 三 | 四 | 五 | 六 |
|---|---|---|---|---|---|---|
| | | | | | | 1 建军节 廿八 |
| 2 廿九 | 3 七月 | 4 初二 | 5 初三 | 6 初四 | 7 立秋 初五 | 8 初六 |
| 9 初七 | 10 初八 | 11 初九 | 12 初十 | 13 十一 | 14 十二 | 15 十三 |
| 16 十四 | 17 十五 | 18 十六 | 19 十七 | 20 十八 | 21 十九 | 22 二十 |
| 23 处暑 廿一 | 24 廿二 | 25 廿三 | 26 廿四 | 27 廿五 | 28 廿六 | 29 廿七 |
| 30 廿八 | 31 廿九 | | | | | |

## 9

| 日 | 一 | 二 | 三 | 四 | 五 | 六 |
|---|---|---|---|---|---|---|
| | | 1 二十 | 2 廿一 | 3 抗战胜利日 廿二 | 4 廿三 | 5 廿四 |
| 6 白露 廿五 | 7 廿六 | 8 廿七 | 9 廿八 | 10 教师节 廿九 | 11 八月 | 12 初二 |
| 13 初三 | 14 初四 | 15 初五 | 16 初六 | 17 初七 | 18 初八 | 19 初九 |
| 20 初十 | 21 十一 | 22 十二 | 23 秋分 十三 | 24 十四 | 25 中秋节 十五 | 26 十六 |
| 27 十七 | 28 十八 | 29 十九 | 30 二十 | | | |

## 10

| 日 | 一 | 二 | 三 | 四 | 五 | 六 |
|---|---|---|---|---|---|---|
| | | | | 1 国庆节 廿一 | 2 廿二 | 3 廿三 |
| 4 廿四 | 5 廿五 | 6 廿六 | 7 廿七 | 8 寒露 廿八 | 9 廿九 | 10 三十 |
| 11 九月 | 12 初二 | 13 初三 | 14 初四 | 15 初五 | 16 初六 | 17 初七 |
| 18 初八 | 19 初九 | 20 初十 | 21 十一 | 22 十二 | 23 霜降 十三 | 24 十四 |
| 25 十五 | 26 十六 | 27 十七 | 28 十八 | 29 十九 | 30 二十 | 31 廿一 |

## 11

| 日 | 一 | 二 | 三 | 四 | 五 | 六 |
|---|---|---|---|---|---|---|
| 1 廿二 | 2 廿三 | 3 廿四 | 4 廿五 | 5 廿六 | 6 廿七 | 7 立冬 廿八 |
| 8 廿九 | 9 十月 | 10 初二 | 11 初三 | 12 初四 | 13 初五 | 14 初六 |
| 15 初七 | 16 初八 | 17 初九 | 18 初十 | 19 十一 | 20 十二 | 21 十三 |
| 22 十四 | 23 十五 | 24 十六 | 25 十七 | 26 十八 | 27 十九 | 28 二十 |
| 29 廿一 | 30 廿二 | | | | | |

## 12

| 日 | 一 | 二 | 三 | 四 | 五 | 六 |
|---|---|---|---|---|---|---|
| | | 1 廿三 | 2 廿四 | 3 廿五 | 4 廿六 | 5 廿七 |
| 6 廿八 | 7 大雪 廿九 | 8 三十 | 9 冬月 | 10 初二 | 11 初三 | 12 初四 |
| 13 初五 | 14 初六 | 15 初七 | 16 初八 | 17 初九 | 18 初十 | 19 十一 |
| 20 十二 | 21 十三 | 22 冬至 十四 | 23 十五 | 24 十六 | 25 十七 | 26 十八 |
| 27 十九 | 28 二十 | 29 廿一 | 30 廿二 | 31 廿三 | | |

ISBN 978-7-5714-4260-6

9 787571 442606 >